MW01171633

Colección
Panhispánica de poesía

GEOGRAFÍAS DE LA NOSTALGIA

Minor Arias Uva

Colección
Panhispánica de poesía

Casa Bukowski
editorial®

©2024 Casa Bukowski

www.casabukowski.com
www.radiobukowski.org
Contacto: casabukowskieditorial@gmail.com

Colección Panhispánica de poesía
Geografías de la nostalgia
© Minor Arias Uva

Director de edición	: Ivo Maldonado
Editor	: Ivo Maldonado
Diseño de portada	: Rogelio Estrella
Diagramación y diseño de interiores	: Rogelio Estrella
Corrector de textos	: Edgardo Alarcón

ISBN: 978-9942-45-084-5

Primera edición, Editorial Casa Bukowski, Santiago de Chile, 2024. Todos los derechos reservados. Esta publicación no puede ser reproducida de forma total o parcial, ni registrada o transmitida en ninguna forma por ningún medio, sea mecánico, fotoquímico, electrónico, magnético, electroóptico, por fotocopia o por cualquier otro medio, sin el permiso previo por escrito del autor o la editorial.

A la memoria de Luis Núñez Carrillo y Edixon Granados Uva, quienes murieron allá con esta patria reunida en la última luz de sus pupilas.

Bello viaje hacia el origen desde la cortadura.

I

Me iré mañana con todo el peligro de los muros,
con una deuda asfixiando mis sueños.
Me iré en la noche
para no escuchar el llanto de los niños.

II

Ella me abraza desde su poder y su angustia.
Me enjuago la boca con aguadulce
para besarla.

III

Aquella luz es mi casa.

I

LOS TRASLADOS DEL FUEGO

LOS INMIGRANTES

Si nos metemos venas adentro
encontramos algún inmigrante en nuestra casa,
en nuestra genética cercana.

Multitudes emigrando por el mundo
doscientos mil años atrás,
abandonando las planicies africanas
para cruzar Yemen
y las Puertas de la Desgracia.

Caminando desde oriente
hasta al Estrecho de Bering, quizá,
o navegando las incertidumbres de los mares.

Chinos, polinesios, fenicios,
fervientes ecos de nuestra médula.

Más arriba en el tiempo,
la mezcladísima sangre ibérica
anudándose forzadamente a nuestras sangres.

Esclavos africanos

sumando fuerza a nuestras arterias.

Así llegaron rostros de tierras múltiples.

Más tarde nos fuimos a todas partes.

Terco tejido de nombres y geografías.

Aún los originarios llegaron de lejos.

ELLA LLEGÓ DE ÁFRICA EN UN CARGAMENTO TRAÍDO POR LOS PIRATAS INGLESES

Las madres de los esclavos no tienen hijos,
los llevan prestados.

En cualquier tarde
el amo dispone de sus vidas.

Entonces,
un alambre oxidado se incrusta en sus vientres.
Se retuercen hacia adentro, agrietadas.

Mientras trabajan como nodrizas,
procuran anular sus memorias
y terminan apretando al niño blanco con ternura.

La negra Malaika murió de cáncer en el útero.
Después,
se desangró en el acantilado.

MÁS DE ONCE MILLONES DE PERSONAS ESCLAVIZADAS LLEGARON DE ÁFRICA. LOS SOBREVIVIENTES QUEDARON DESANGRADOS POR LA AUSENCIA.

A las tres de la madrugada
se escuchan perros y caracoles,
disparos secos de arcabuces.
Triste terraplén de miedo en las entrañas.

Imani cuida a sus dos niños
y no duerme.
Nadie duerme en las planicies del Congo.

Corren hacia los bordes del barranco
y cuando ya sus pasos no van más,
su niña de doce años vuela:
es una congo burundi.

Ya los perros están encima,
la atrapan junto a su niño de tres.
Les desplazan por el río Congo
hasta llegar a las embarcaciones.

Les llevarán por el Paso Intermedio:

gritos, carimbas,

quebraduras de brazo y clavícula.

La separan de su amado Amarí.

Ella se rompe los dientes mordiendo la soga.

Le observa alejarse en otro barco

y desgarra su garganta hacia adentro.

Ella también se mueve hacia la noche,

ha quedado como el árbol de los huracanes,

con las raíces expuestas.

LOS REINOS DE LA LEJANÍA

Desde el retumbo de mi tambor
vuelvo a mi tierra,
a mi planicie.

Había llovido
y danzábamos en círculos.
Yo era un guepardo,
aun así, me alcanzaron los disparos.

Desde el barco
observé una noche de luna incandescente.

Me nombraron Juan
y en nombre de Dios
me hundieron los fierros en la piel.

La voz del tambor me repite
Bongani, Bongani, Bongani:
el agradecido.
Ese era mi nombre.

LA MIGRACIÓN PERPETUA

Junto a flamingos, mariposas monarca,
ballenas jorobadas, aves rapaces,
seguimos surcando las fronteras borrosas del mundo.

Con sus corrientes marinas,
sus huracanes
y sus resonancias magnéticas,
este planeta nos unifica.

Alguien desgaja un roble milenario en el cerro
y a un osezno de Alaska le sangra la nariz.

Estamos estacionados en la delgadez del amor,
lastimando el cordón umbilical de los nonatos.
Nos duelen las retinas,
el paisaje que podrían ver nuestros nietos.

Las semillas se consumen en el fuego,
arden también nuestras manos:
lánguidas libélulas aleteando en la sangre.

Llueve: canción de cuna junto al árbol.

LA ODISEA DE MOVERNOS POR ESTE PLANETA POR HAMBRE, POR MIEDO

Somos terráqueos, sin embargo,

la nacionalidad es un miedo reverberante,

un despeñadero que separa nuestras respiraciones.

Miles de personas van quedando en los bordes de la noche,

mientras abandonan el territorio sagrado

donde nacieron junto al maíz

o entre cafetales de luz dispersa.

Algunos escapan del veneno de los monocultivos,

de fábricas donde les rompen las membranas.

Se alejan de imposiciones y disparos.

Su condición social es una cortadura en el rostro.

Detrás de los muros yacen alacranes

que se cuelgan con furia de los recién llegados.

Aún así, los inmigrantes resisten y se precipitan,

sin nada ni nadie,

como si viniesen de la explosión de un planeta.

La nostalgia les carcome los huesos,
por eso caminan como saliendo del barro,
con el recuerdo enmohecido.

En esos nuevos territorios
echan raíces que se pudren.

Los inmigrantes mueren imaginando las puertas
de las casas de su infancia,
evocando los nombres de personas y mascotas,
mientras su patria, ya pulverizada,
les tranca la memoria.

CUANDO UN NIÑO MIGRANTE MUERE, TAMBIÉN SE EVAPORAN LAS FLORES DE LAS CACTÁCEAS.

Los niños migrantes
apuran el paso por encima de las ampollas,
llevan el hambre a cuestas.
Los adultos les señalan un oasis en el horizonte.
Los niños saben leer el espanto.

A veces encuentran alguna hamaca
y se elevan como ángeles.
Juegan momentáneamente con otros niños,
ríen en los campos protegidos por la fantasía.
Pronto se rompe el encanto
y vuelven a las líneas de batalla.

Ahí van los niños de todos,
son caracoles cruzando la carretera.

LOS REINOS DEL SILENCIO

Los migrantes tenemos el rostro de la peste.

Anónimos,

nos acercamos con cautela a los hospitales.

Quizá nos incluyan en alguna estadística.

La peste nos ha inflamado también las raíces.

No tenemos vuelo de regreso,

ni camino.

La muerte nos asusta,

por los costos y las deudas que le dejaremos a la familia,

por la angustia de recuperar un cuerpo

cuya única marca es el trabajo.

Al menos,

compartimos las pandemias del mundo,

la ausencia,

el temor a las fosas comunes.

Los inmigrantes tenemos una cicatriz en la palabra.

LA SOBREVIVIENTE

En la enfermería de Migración
le están quitando las espinas de tuna
que lleva en los labios.
Una gota gruesa de sangre cae
en su pantalón raído.

Le viene a la memoria su perro Caite,
la noche en que lo atacó un puerco espín.
Ella y su abuela
le sacaron espinas hasta la madruga.
Al salir el sol,
murió desangrado entre sus brazos.

Se llama Lúa,
vivía en el cerro que se tragó las casas.
Ahora es una niña refugiada.
Mañana vendrá un familiar cercano
y al fin podrá contar su travesía.

Esta tarde toma sopa
y observa el atardecer
diluyéndose en los edificios.
Lúa tiene trece años.

CAMINAN EN EL REFLEJO DE NUESTRAS RETINAS
Y EL SUDOR DE SU VIAJE NOS IRRITA LA MIRADA

Los inmigrantes sangran
a orillas de caminos desconocidos,
observan un horizonte lánguido.
Algunos saben que no llegarán,
aún así,
les mueve la inercia de su angustia.

Los que llevan infantes,
tienen el poder de quien cuida la semilla.
Sus ojos son túneles apagados
pidiendo auxilio.

Los inmigrantes se diluyen
en geografías ajenas,
mientras cambia la luz en un semáforo.

ME LLAMO ANUAR Y RENACÍ EN MELILLA

Esta cicatriz en mi estómago es de alambre de navaja.

Me dejé caer sobre mi propia piel.

Estábamos cruzando la última barda hacia Melilla.

En mi país no teníamos otra opción, sino la muerte.

Mis padres fueron asesinados por los terroristas.

Caminé con mi hermana y tres amigos

por las rutas polvorientas de África.

En el camino nos violaron, nos aniquilaron,

nos vendieron,

escapamos.

Sólo yo alcancé a llegar a Marruecos

para seguir en batalla.

Agonicé,

pero ya estaba en Europa.

Nada más quería respirar la llovizna,

caminar sin miedo.

Así sucedió querida nieta,

querida Naara,

así fue:

nunca deje de observar el mar,

quizá alguien levante una mano

en el último estertor de su agonía.

LLEGUÉ CON LOS HUESOS ROTOS

Asesinaron a mi madre
para amedrentar mis protestas callejeras,
se me rompieron todas las palabras.
En la lista estaba mi hermana menor.

Crucé fronteras a tientas,
hurgué basureros
e hice malabares junto a la muerte
para tener un sustento.

En el mar eché mi último trozo de vida.
No recuerdo más.

Soy un refugiado gracias al joven voluntario
que me encontró agonizando
en el golpeteo anestesiante del mar.

Vine del otro lado del mundo
con los pies quemados
por caminar sobre la miseria.

Estos edificios de ladrillo
son fríos,
los veo todos similares.

Salgo a caminar brevemente,
alguien me sonríe
y me pongo a llorar
como si me hubiesen hecho una fiesta.

Yo vine del otro lado del mundo
con los sueños desquebrajados.

CERCANÍA NOCTURNA

Una balsa en alta mar bajo la tormenta
va dejando cuerpos a la deriva.

A lo lejos luces borrosas se asoman.

Un hombre remolca a otro
hasta que languidece su fuerza.

Sus niños le vienen a la memoria
como un último estertor hacia la vida.

Llega la hipotermia,
torbellino alucinante hacia los fondos.
La abuela le llama,
resplandor y alivio.

Escucha voces que le aturden.
Vomita el mar y sus estrellas.

"Estas a salvo chico",
le dice alguien.
Reconoce el acento
y llora otra vez hasta el desmayo.

EN LAS MANOS DEL MIEDO

Vamos hacinados en este trailer.
Es la noche,
por las rendijas finas
observo luces en los cerros.
Huele a humo: impotencia y temor.
Añoramos estar cerca de la frontera.

Ya son horas,
ya fueron días
carcomidos por la sed y la ansiedad.

En las curvas y cuando el conductor frena sin reparo,
chocan nuestros cuerpos en violenta tensión.

Pero no se detienen,
las bolsas con excremento
yacen en nuestros pies.

A las dos personas enfermas
quizá les libre la muerte.
Hace rato no se quejan.

Una patrulla,

la velocidad aumenta:

golpe y giro.

Estoy Sangrando.

Nos arrastran

sudorosos de oscuridad.

EL PENSAMIENTO TAMBIÉN SE FOSILIZA EN EL IR Y VENIR DEL INSOMNIO

Cuando un ser humano
abandona su patria por la fuerza,
va dejando gotas de médula
en los bordes del camino.
La ansiedad y la fatiga le carcomen los pies.
Va cruzando entre fronteras los dinteles del infierno.

Cuando un ser humano
no puede regresar a su patria,
los recuerdos ya cauterizados
se le revientan en las manos.

Son miles a esta hora
resucitando como estrellas,
volviendo al laberinto donde nacen las palabras.

Quienes al fin llegan
sienten la pátina de una patria nueva
ardiendo entre sus poros.

Cuando un ser humano
se ha forjado en la miseria,
se armoniza con los relámpagos,
ni el fuego ni la lava
dejan huella en sus retinas.
No obstante,
se vuelve lágrima escuchando
su propia canción de cuna.

EL DESIERTO NOS ADORMECE CON SUS QUEMADURAS: TESTIMONIAL 2

A mi primo Edixon, quien conoció estos caminos de pesadumbre

Leve irreverencia hacia el Coyote:
"usted nos está matando de sed"
Golpe seco en la espalda,
y el calor de la arena quemando su mejilla.
Una patada en la cara y el ahogamiento.
La sangre fluye como un ojo de agua.

A mí no me mataron,
me amarraron todos los huesos
y me dejaron allí junto a mi ausente.

Él era mi hermano,
antes de morir me señaló San Diego.

Ya no me pregunte más,
tengo otra vez la taquicardia.

A veces sueño que vuelvo a casa
y mi hermano está junto a la puerta
silbando "El jinete" de José Alfredo Jiménez.
"Por la lejana montaña", ahí me despierto.

EL ÚLTIMO TRAMO DE LA TRAVESÍA

Al borde de la turbulencia,

el niño se suelta de las manos de sus padres.

Los otros caminantes gritan al unísono.

La madre no grita,

la madre tiembla del otro lado del río

entre los brazos de una desconocida que la sostiene.

La ausencia de su niño

les arrastra hacia la humedad de los barrancos.

Se salen de la trocha.

Ambos rasgan sus ropas y se ahorcan.

El Tapón del Darién

cobra su peaje de muertes y quebrantos.

QUE ALGUIEN ME AYUDE A RECORDAR

De San Marcos
recuerdo los cafetales floridos en luna llena,
el puente y la poza brillante.

Recogí café desde las frágiles vértebras de la infancia.
Las matas maduras me parecían árboles de navidad.

Las manos se nos ponían negras
por la miel de los granos y la tierra.
Así, arrollábamos una torta de huevo con frijoles
en una tortilla.
Todo frío, todo perfectamente delicioso.

Estados Unidos era un sueño
tan lejano como la novena galaxia.

Llegó la escuela, el colegio
y la pobreza apagando las luciérnagas.

Vino la oferta de un coyote,

vendimos muebles y zapatos,

nos endeudamos,

como cuando un pobre cae muerto.

Llegué a México

y en el borde de Sonora

el coyote desapareció en la polvareda del desierto.

Unos hermanos mexicanos

me encontraron en el limbo de la ausencia.

Alguien me pateó la cara y resucité.

Tengo noventa años.

Nunca más respiraré el aroma de los cafetales.

¡Que alguien, por favor, me ayude a recordar!

CAUTERIZADO Y SOLO, CAMINO POR LA INERCIA DE LA NECESIDAD

Los rostros de mis seres amados van pasando
como en un caleidoscopio.
Cada día son menos
y se borran también sus voces.

Yo dejé el amor en las luminiscencias del mar,
tengo un lado apagado en el corazón.
 A veces, aún en la multitud, nadie me ve.

Trabajo hasta reventarme la espina dorsal,
pero mi esperanza es lánguida.
Guardo la leve llovizna del último beso,
los abrazos que di pensando en mi muerte.

Crucé el desierto,
burlé a la Migra y sus luces cegadoras.
Yazco en mi pulverizada soledad.
La lejanía me atropella los pasos.

Quiero diluirme en esta mezcla de concreto,
que alguien escriba un grafiti cerca de mi cráneo:
los inmigrantes llevamos otra patria
ardiendo en las pupilas.

LAS PATRONAS: EMISARIAS DE LA BUENA VOLUNTAD

A Norma Romero, y a quienes sostienen el legado de doña Leo

El tren llamado "La bestia"
pasa por Amatlán de los Reyes, Vera Cruz,
por el pueblo de la Patrona, pasa,
sacudiendo extremidades y sueños fosilizados.

Veintiocho años atrás,
Doña Leonilia decide aliviar el rumbo de la humanidad.
Se organiza junto a otras mujeres
para alimentar a los inmigrantes
que cuelgan del óxido como fantasmas.
Sus hijas también abrazan la misma misión.
Se les juzga por ayudar a "delincuentes" y a "desconocidos".

Alguna buena alma les comunica
cuántas personas vienen atropellando sus vidas
sobre la Bestia.

Entonces, ellas materializan el "mandamiento nuevo",
alistan las porciones de comida.

El silbido de la máquina les sacude los pasos.

Salen a la vía férrea

para lanzar nutrientes a los hijos del hambre.

A éstas héroes les llaman Las Patronas.

Han atendido a los mutilados,

han sostenido el cuerpo

de quienes caen sobre su propia tristeza.

Dan albergue, curan,

incluso, han repatriado muertos.

Son ellas, las emisarias de la Guadalupana,

quienes cumplen con el llamado:

"Lo que hagáis a uno de mis pequeños a mí me lo hacéis".

Allá van las manos de ancianos, niños y mujeres,

aferrándose a los fieros giros de "La Bestia",

temblando entre rosarios y oraciones.

El legado de las Patronas es un pan a la deriva.

LES CONOZCO: CUIDAN NUESTRO PAÍS COMO SI FUESE LA CUNA DE SU NACIMIENTO

A Jorge Figueroa Vásquez

A algunos los trajo el amor,
el trabajo, el estudio,
a otros la miseria,
o la circunstancia de aventurarse
bajo un mismo firmamento.
O los golpeó su propia patria
y llegaron temblando de impotencia o de furia.

Comida distinta, palabras nuevas,
sus pies palpando otra geografía.
Otro polen en el brillo de las flores.

Y los locales casi siempre indagando el acento,
como si la voz no fuese simplemente
una hamaca de sonidos
en el vaivén de la tierra,
un eco, un puente.

A veces se sientan

o se acuestan bocarriba

y con los ojos cerrados sonríen y vuelven a casa.

Se completan abrazando en círculos,

a madres, montañas, barrios.

Alguien les ofrece el plato añorado,

la sazón precisa.

Entonces arden en el fuego verdadero.

Vuelven

inmunes a la incertidumbre.

UN RELÁMPAGO AL OTRO LADO DEL TIEMPO

El tiempo se acumula en las ojeras,

en las canas,

en los horarios extendidos del trabajo.

En las alarmas que amargan los sueños.

Veinte, cuarenta, cincuenta años,

y la patria propia languidece

como una película del cine mudo:

el camino, el potrero, la chimenea,

sus manos, el delantal...

Los inmigrantes necesitan que alguien

les sostenga el esternón

mientras añoran,

de lo contrario,

se vuelven ceniza

y vuelan en ráfagas.

CAVILACIONES DESDE EL EXILIO

Mi acento es mi antorcha.

Saben de dónde vengo.

Se han acostumbrado a mi poesía

abundante de hilachas,

raíces expuestas sosteniendo la piedra.

Vuelvo al aroma de los guayabales,

a las manzanas de agua tapizando la hojarasca,

a la jugosidad de una guanábana.

Al café,

a los pejibayes

y la abuela dejando las cordilleras para llegar a mi nacimiento.

Puedo regresar,

pero ya no tengo piernas para morir

en aquella montaña.

La vejez me llegó como un torbellino.

LAS MADRES SON CRIATURAS RESISTENTES
QUE SE CARCOMEN POR DENTRO
HASTA DILUIRSE EN LUZ

Doña Lía observa a su hijo alejarse en la oscuridad, aún.
Se queda haciendo tortillas
y empapando su delantal de lágrimas.

Esa mañana limpia el cuarto vacío
y encuentra el balón fútbol, desgastado.
Lo compraron juntos aquel diciembre.

Le vienen a la memoria los tiempos
de recolección de café.
La forzada y terca soledad.
Su exesposo caminándoles de cerca con otra mujer.

Para ella un viaje a Estados Unidos es incompresible,
tan solo alcanza a imaginar edificios y luces.
Eso sí, le han contado que la frontera
es como una serpiente terciopelo enojada.
Le han descrito el tren al que llaman la bestia:
"Es como caminar por los bordes de un farallón".

Le advierten sobre los grupos criminales
que secuestran y matan,
como quien se toma un vaso con agua.
Le dicen del calor y del frío en el desierto.

Manuel es su niño mayor, en total son cinco.

Todas las tardes, visiblemente preocupada,
baja hasta la pulpería
donde tienen un teléfono administrado.
Ahí, espera hasta la noche.

Ya llegó el mojado, le gritan un mes después,
desde la parte baja del camino.

Y le llegan las primeras remesas,
y las cartas de Manuel,
que las lee una y otra vez,
hasta memorizarlas.

Han pasado siete años,

no pierde la esperanza de verle subir por la vuelta

donde se esconde sol.

Lo quiere esperar con una sopa de pollo

y un cerro de tortillas.

Con una mazamorra de nance

y que se repita cuantas veces guste.

Hoy la han llamado de la pulpería:

al otro lado de la línea una mujer:

-Murió Manuel, él me hablaba de usted

con dedicación y entusiasmo.

Se cayó de un andamio. Murió inmediatamente.

No se preocupe usted, ya lo enterramos.

La comunicación se interrumpe.

El pulpero la abraza,

la sostiene,

no la deja caer, aún.

LA TRAGEDIA PERMANENTE DE LA MIGRACIÓN

A los niños que transpiran el peligro de las migraciones
sin ninguna otra alternativa.

Desde latitudes múltiples
los emigrantes van arrastrando sus nostalgias.

En las balsas por el Mediterráneo: Mare Nostrum,
mueren hacinados de sed a la deriva.

Por los desiertos de Sahara y Sonora,
retinas deshidratadas se llenan de hormigas
mientras florecen las cactáceas.

Desde Arriaga, México
donde inicia la travesía del tren llamado la Bestia:
muerte colgando en los linderos cielo.

Nacieron un día en otra tierra,

les expulsó la pobreza, la guerra,

la indiferencia social,

la criminalidad organizada

que pone a sangrar la luz en los ojos de la gente.

Mujeres y niños pequeños,

atragantados de peligros.

Los emigrantes son vendidos, esclavizados,

almacenados en algún lugar incognito,

donde les violan y les torturan.

Caminan largas distancias,

ante la amenaza del disparo.

El hambre también les carcome la fe.

¿Cuántos han muerto?

¿Cuántos están saliendo ahora mismo

desde el cementerio de las luciérnagas?

LA BESTIA: TREN DE ESTREPITOSA AUSENCIA

Los inmigrantes se desplazan
hasta destrozar las plantas de sus pies,
llegan hasta el punto
desde donde parte el tren llamado la Bestia:
ruidosa mole de metal que les acerca al infierno.

La Bestia huele a miseria:
es el último laberinto del espanto
para muchas de estas personas.

Sobre la Bestia se arrastran
cientos de piernas centroamericanas
que buscan caminar
sobre los Estados Unidos de América.

Quienes se arriesgan no llevan casi nada,
tan solo quebrantos y deudas.
Incertidumbre perpetua para sus familias.

La muerte ronda sus arterias: asaltos, violaciones, caídas,
colapsos de salud.

Los atardeceres pasan una y otra vez sobre sus espaldas.
El sol y el hambre les carcomen al mismo tiempo.
Cuando los doblega la garra del cansancio
duermen atropelladamente.
A veces despiertan entre los rieles, ya desangrados,
o en medio de la nada retorcidos por el dolor.

A lo largo de su extenuante travesía
encuentran el rostro de la generosidad:
Hogar de la Misericordia, en Arriaga, Chiapas,
Albergue Jesús el Buen Pastor, Tapachula,
para víctimas del tren.
Albergue de Ixtepec, Oxaca, entre otros.
Las personas de los pueblos también les lanzan agua, frutas y
galletas.

Durante veinte o treinta días,
van quedando derribados,
otros mueren en los bordes del sueño.
Niños, mujeres y ancianos:
abuela y nieto, hermanos, padre e hijo:
alguien vivirá para contar lo sucedido, quizá.

Que ya no sangren nuestros países,

que ya nadie aborde la Bestia.

Amén.

ALLÁ DONDE VIVO LAS PIEDRAS HIDRATAN EL MAGMA

El inmigrante se desprende
del lado apagado del mundo.
Trae la noche en sus párpados.
Tampoco duerme.

Lleva el esternón amoratado de miedo
y va borrando el camino de su retorno.

Aprovecha el sudor y llora para nadie.
Se están deshidratando las memorias que le amparan.
Boca abajo resopla contra la arena.

Un pájaro diminuto canta,
y el inmigrante se toma
de esa música breve
para suspenderse desde sus huesos.

A lo lejos una anciana le extiende los brazos.

ERA UN CAMPO DE BUITRES DESPELLEJANDO SUEÑOS

Los voluntarios de Naciones Unidas
me acomodaron cuello y faringe
para regresarme a la vida.
Desde la inflamación de mi tráquea
cayeron estas palabras:
éramos un largo rosario de personas
alejándonos del vientre materno.
Estallamos como luciérnagas sobre la pólvora.

El desierto del Sahara,
Libia,
Mar Mediterráneo.
Hacia atrás la tierra árida
abonada por nuestros propios huesos.

Informe 133567:
salió del mar
resoplando sangre,
resoplando sal.

Vino desde Namibia
con la piel pegada al esternón.
Es el muerto que movió el párpado.

OLEAJE HUMANO

Ciento setenta personas en una embarcación de hule.
De lejos se observan como un gusano cien pies,
como un dragón de piernas múltiples.
Están tostadas por el sol,
retorcidas de sed.

En esa embarcación sacudida por los oleajes nocturnos,
vienen once niños de entre dos y siete años.
Seis de ellos perdieron a sus madres en la travesía.

Les lanzamos chalecos.
Se agitan, se emocionan.

Sin nada más
que sus ropas húmedas,
van en nuestro barco,
hacia el albergue,
hacia las autoridades.

Anónimos caminarán pronto las calles de Europa,
para ellos, una profecía.

LA NAVIDAD ES UN PUENTE PARA CRUZAR HACIA LA MEMORIA

El frío y la nostalgia

son surcos que se incrustan

en mi pensamiento.

Emergen lánguidos los regalos que no recibí,

pero centellean aún más

los que jamás entregué.

Las palabras innecesarias,

las que dije de más,

giran atrapadas como clavos oxidados.

Y las que no pronuncié,

pesan como un rosario de piedras

en los centros de mi garganta.

Mis amados muertos

saltan en cada gota de lluvia,

en cada copo de nieve,

en cada soplo de viento.

Mi madre afanada compartiendo sus manjares,

mi abuela tarareando un bolero

o quejándose de su reumatismo.

Y los amigos que cayeron derribados como estrellas.

Los inmigrantes añoramos cruzar

los pliegues dimensionales

y traer a casa a vivos y muertos.

Nos dormimos a orillas del insomnio

buscando una señal.

En estos días los recuerdos están latentes:

un aroma, una música, un color,

la composición de la luz,

el gato, el perro, los aviones.

Cualquier átomo nos expande

hacia el vacío que jamás ocuparemos.

"YO TUVE UN HERMANO"

Surech llegó por el Mediterráneo
tragando sal, retorciéndose bajo el sol.
Alguien le sopló la boca para regresarlo.

Miles de hermanos africanos y árabes
han llegado con este oleaje rojo.

Otros dejaron su respiración en los Balcanes
o cruzando las torceduras del desierto.

Vienen de Libia, de Siria,
de la África Subsahariana.
De Afganistán, Eritrea, Albania,
Pakistán, Somalia, Marruecos, Sudán,
Gambia, Bangladés.

Su hermano menor, Hassam,
murió durante la tormenta.
Por eso la madre de ambos
observa sin tregua el horizonte.

Nadie abandona su tierra en esas condiciones
por voluntad.

Atrás han quedado las amenazas
de gobiernos totalitarios,
el secuestro, la esclavitud.
Los estómagos vacíos de madres e hijos.

Como los ñus,
emigran por encima de sus propios huesos.

-SE DURMIÓ EL NICA-,
DIJO LA SEÑORA DE LA CASA ALTA

Don Anselmo nunca se duerme,
le pesan más las piernas
y, ahora, pasa más tiempo sentado:
es un generoso guarda nocturno.

Me habla con orgullo de Granada,
de la catedral antigua,
y del lago que parece un mar.
De los tiempos de revolución
donde perdió a su padre.

-Los nicas lloramos poco, pero lloramos.
Este reumatismo, y esta diabetes
no me dejarán volver.
Me queda recordar.
Vine mientras tanto
y ya pasaron cuarenta y siete años-.

Don Anselmo está muerto,

un paro fulminante,

dicen que aquí no tiene a nadie.

Entre los papeles gastados de su billetera,

el número de una tal Zelmirita .

-Ella es su única hija, está en Granada-

nos dice la señora de la casa

donde le alquilaban un aposento.

La vida pasa como una vela nocturna.

DESNUDEZ Y ESPEJISMO

Dejó a su hijo de dos años
y se fue a Canadá rompiendo sombras.

Que podía ser niñera, le dijo él,
que tenía el perfil
por su inagotable ternura.

La trampa era incandescente.
La vendieron como prostituta.
El líder de la banda
la tomó como una de sus mujeres.
Así pasaron los años
raspándole la dignidad.

Aquel día, en una reunión de carátula social,
en el baño,
una mujer le dijo dónde estaba el Consulado.

Salió corriendo
como quien escapa de un perro rabioso.
Se detuvo resoplando su dolor.
Alguien la llevó hasta las oficinas.

Ella y su familia recibieron protección de la Interpol.
Estuvo escondida como una taltuza.
Un día su mejor amiga le pidió que viera la televisión.
Llevaban preso al hombre que le había desgajado la fe.

Todavía hoy, anciana como es,
si algún desconocido le habla,
brinca nerviosa desde su recuerdo.

-Mi hijo jamás me perdonó- me cuenta,
mientras miramos la lluvia
desde la ventana ancha del albergue.

-Conocí los alces-, me dice sonriendo,
como si fuese lo único hermoso
en el remolino de su pasado.

EL CANTO PERPETUO DEL INMIGRANTE

Para Ronald Arias, mi querido primo

Estoy lejos del aroma de la tierra

que me vio nacer.

Me trasplanté.

Lancé de nuevo mis raíces

por peñascos y llanuras.

Mis semillas originales,

las que germinaron las primeras palabras,

se están pulverizando.

En cualquier tarde,

sentado en una estación de autobuses,

me viene el anhelo de un café con arepa

o de una tortilla girando en las manos de la anciana.

Me inundan las ansias

de visitar ese familiar cercano

que ya se me borra en la memoria.

Por eso, cuando alguien identifica mi origen,

y amablemente hace alguna referencia

acerca mi terruño,

un río fluye desde mi selva interna.

Soy mar, volcán y aguacero.

Y digo: si, vengo de allá,

viera usted como extraño a veces.

Sigue la vida

y nuestras raíces incompletas

encuentran arraigo,

y somos de aquí y somos de allá,

y el planeta es una casa cercana.

Eso no evita que en cualquier tarde,

cierre los ojos

para verme caminando entre los maizales,

o llegando por las calles de mi pueblo,

un día antes de la Noche Buena,

con un corazón sin envolturas.

LA MUJER DE OJOS APAGADOS, PENÉLOPE DE SUS HIJOS.

I

Cuando ella regresó de su tuberculosis,
sus cinco hijos ya no estaban.
El esposo alcohólico los dejó ir como la espuma del vaso.

El Patronato Nacional de la Infancia
mandó a los niños por los linderos del mundo.

A ella le extirparon un pulmón
y le dejaron en el alma un túnel lleno de moho.

Nunca supo más.

Sus preguntas quedaron dando vueltas
en oficinas frías,
en rostros indiferentes a su tragedia.

II

Cada noche reza por sus niños
y repite sus nombres como mantras.

Lleva años cociendo cinco sobrecamas
con retazos diminutos.
Será su regalo para cuando aparezcan sus ausentes.
Desde su cansancio
va poniendo una capa nueva a cada trozo.

Hoy murió cantando una canción de cuna.
Tenía agarrada una muñeca de trapo
y fue difícil separarla de sus manos.

La aguja estaba clavada en su seno izquierdo.

LOS NIÑOS MIGRANTES TIENEN LOS PIES ADORMECIDOS POR LA TRISTEZA

Murió mi chica, murió mi chico, desaparecieron todos. Desiertos de amor.
Raúl Zurita.

Los niños son moluscos expuestos
a las sales del mundo,
van dejando su canción de cuna
en los linderos del infierno.

En el corazón de sus hogares manos cercanas
les despiertan hacia pesadillas mayores.
Los niños reciben gritos que les desgajan la ternura
y tiemblan bajo la impotencia de sus años.

Más tarde salen a sus escuelas
arrastrando su lastimada autoestima.

Como si todo esto no fuera poco,
en la calle aparecen monstruos que les observan
desde drenajes subterráneos.

Redes que les venden
y les dejan como delfines rotos
bajo las propelas de un barco.

Ahí van los niños migrantes,
son tortugas recién nacidas buscando el mar
bajo el vuelo de rapaces hambrientas que les desean.

Ahí van los niños nuestros
entre las breas del miedo.
Y nosotros a veces
sordos de amor.

MEMORIAL

A mi querido Mateo

Mi abuelo murió lejos añorando sus montañas,
las flores del café ondulando en su blancura.
Sostuvo hasta final
la imagen de su madre despidiéndole en la puerta.

El COVID le arrancó de un tajo todas las respiraciones.

Mi abuelo vino para mi cumpleaños,
luego tomó un avión
que estalló en el aire puro de mi niñez.

Mis juguetes se pusieron grises y lagrimosos
cuando les conté nuestra tragedia.

Me queda el esplendor de su pelo blanco
y su risa poderosa,
mis siete años bajo el amparo absoluto de sus brazos.

Me contaron que ayudó a otros emigrantes,
cuando siendo muy joven viajó al país de Mickey Mouse.
Siempre le inundó el agradecimiento
como a un lago sereno.

Mi abuelo me dejó su música
y una guitarra antigua
que hoy reposa sin cuerdas.

Yo soy el embajador de mi abuelo
en este planeta de conejos acróbatas
y quetzales relampagueantes.

LINDEROS DE LA MEMORIA

Ha llovido densamente
tal y como llueve en mi país.
En los espejos de agua
pasa una carreta colorida
sorda de música.

Veo un árbol de manzanas amarillas brillantes de jugo,
y nosotros trepando,
escogiendo las amarillo-rosa,
las de pulpa gruesa.

Continúo observando
el reflejo del agua después de la lluvia.
Allá va mi padre a encerrar los terneros,
a revisar las nacientes de agua
y las cercas rotas por la tormenta.
Va silbando "Solamente una vez"

Al caer la noche una anciana cruza la calle
con un pedazo de pollo achiotado
cubierto de tortillas.

De nuevo el colibrí está volando sobre mi puerta
ausente de néctares.

Dicen que es el alma de algún ancestro.

Yo sé quien es y le espero.

Valiente tornasol de recuerdos.

LOS AEROPUERTOS SON UNA PUERTA HACIA LA MUERTE, HACIA EL PAÍS DE NUNCA JAMÁS.

A todos los hijos de esta realidad

Dicen que yo aún no nacía cuando se fue mi padre.

Mandó remesas para el bono de la casa,

para los cuadernos de primero a sexto.

Recuerdo las calcomanías del pato Donald,

las del hombre araña,

la patineta con la que me rompí el brazo.

Y su rostro distorsionado en Skype,

las palabras persiguiendo sus gestos.

Las mismas frases cada fin de semana:

¡Que grande estás!, ¿cómo van esas novias?

¿Siempre liguista?...

Un día, allá bajo la nieve,

conoció a otra mujer

y nos quedamos llorando como en un funeral.

Papá murió hace dos semanas.

Alguien allá pago el traslado de su cuerpo.

Aún tengo el balón de fútbol

con el que prometió entrenarme para portero.

Existen vuelos que estallan en el despegue

y dejan hilachas que ya nadie recoge.

EL VUELO

Para mi mamá Lidia Uva Mora

Mi niña madre viaja con el viento,
observa las montañas bajo remolinos de nubes.
El azul del mar entre las solapas del cielo.

Un día,
caminó la selva,
cruzó ríos revoltosos,
espantó a las serpientes
que buscaban la calidez de su rancho.
Pero volar
es ahora un misterio.

En cada coordenada lanza semillas y oraciones,
expande el atardecer
como un hilo de fuego.

Cerca de las estrellas
canta la canción
de sus raíces olvidadas.

Ella tiene la serenidad de un lago,

el poder de un volcán

creciendo entre las llanuras.

Dice lluvia y se hace el mar,

Recita su aleluya

y desaparecen las rasgaduras de la capa de ozono.

Mi niña madre vuela por primera vez,

y sus alas retoman

el brillo de un relámpago entre aguaceros.

TESTIMONIAL DE QUIENES ABANDONAN SU TIERRA ENTRE RASTROS DE SANGRE

A mi hermano le quebraron las piernas
mientras gritaba: libertad.

Vamos corriendo río abajo entre la breña,
nos han sacado de la casa de nuestros ancestros.
No sabemos de quien provienen las balas.

Allá en lo alto quedaron mis muertos.

Corro con mis dos hijos,
sino fuera por ellos
me hubiera resistido hasta recibir el alivio de las balas.

La desesperanza es una serpiente
que nos muerde los codos.
Este país ya no es el nuestro.
Quizá nunca lo fue.

LAS MIGRACIONES DEL CAFÉ

Vamos de finca en finca,

de hacienda en hacienda,

procurando nuestro sustento.

Nos sacan dormidos en la madrugada,

otras veces llorando,

porque el perro o el gato no aparecen

cuando arranca el carro que lleva los chunches.

De la Zona Sur hasta los Santos,

de los Santos hasta Cartago,

siguiendo los ciclos de la maduración del café.

Un rato en cada escuela,

sin tiempo para germinar la amistad.

La gente del pueblo nos señala

como los niños migrantes,

los que cargan piojos y parásitos.

Recuerdo aún a la niña del dueño

con sus colochos color almendra,

y yo, pequeño Sansón,

levantando un saco de café para impresionarla.

Es una infancia de almuerzos fríos,

con ranas, gusanos y serpientes

que nos disparan las respiraciones.

Nuestra geografía se convierte en una ruleta:

¿dónde estaré a los ocho años?,

¿dónde a los diez?

¿Cuándo podré ser un niño tiempo completo?

Es la danza del niño migrante.

Nos queda para siempre esa voz de alerta

que nos obliga a levantarnos.

CUANDO UN INMIGRANTE SE SIENTE DESPLAZADO,
SU CORAZÓN SE CONVIERTE EN UN MAPA

Algunos inmigrantes añoran las pozas limpias
donde nadaban bajo la sombra de los sotacaballos.

Ansían llegar a la casa de la abuela un domingo
y encontrarla bañada,
lista para la misa de las nueve.

Cuando los inmigrantes se trasnochan
van hasta los patios de su infancia
donde juegan hasta que los derrota el cansancio.

Caminan por la calle y recuerdan una pulpería
donde los dulces se alejan
ante el brillo de una moneda pequeña,
lo mismo el pan, y la leche, y los balones de hule.

Les viene a la memoria una escuela de madera,
y una cajita de lápices de color de seis unidades.

El inmigrante ama el país que le recibe,

aunque le hagan luchar por los papeles

hasta fracturarle el puente indómito de la esperanza.

Cuando llega a la Oficina de Migración

el inmigrante se siente tan ansioso como un prisionero.

El inmigrante quiere que le lean el pensamiento:

-Estoy aquí por mis circunstancias,

pero tengo una patria.

Solo quiero sumarme al trabajo, al vecindario,

que me ayuden a diluir mi nostalgia desmedida-

El inmigrante ahora tiene hijos

que son de este territorio,

y han crecido.

El regreso yace en la niebla de un cerro.

El inmigrante sabe que nunca será de acá,

aunque lo intente.

No obstante, amanece.

A VECES LA PATRIA ES UNA FOTO RESCATADA DE LAS INUNDACIONES

Por la amnistía y por la insistencia de su nieta,
después de setenta años,
el inmigrante ha regresado a su pueblo.

Se pierde también entre calles ausentes,
intuye el rincón donde estuvo su casa.
Se posiciona en el lugar
donde sus padres le vieron irse.
La nieta lo sostiene.

Pregunta por los amigos que ya nadie recuerda.
En el pueblo el cementerio es pequeño
y él sí sabe hacia dónde bajar.

La patria es el arrullo, la anécdota compartida,
la puerta abierta, el aroma de los hornos.
Los inmigrantes están incompletos
a dónde quiera que vayan.

Pronto vuelve a "casa".
Quizá la patria sea ese lugar
donde cada quién logra elevar sus cometas.

II

LA ANULACIÓN DE LAS FRONTERAS

DESVANECIDO Y PODEROSO

Me enviaron a sostener la lumbre.

Observo libélulas que son ángeles.

Camino protegido aún al pie de la sombra.

Me desdoblo en universos paralelos,

y el sol, ojo visible de Dios,

me sumerge en sus danzas clorofílicas.

Por las noches,

me alimenta la rayería de los cerros,

la mar me susurra palabras en los riscos.

Y cuando el frío entumece mis pasos,

comunico mis pies con el magma de la tierra.

Agradezco esta nave que es mi cuerpo,

por eso descanso a orillas de la selva.

Camino con brazos extendidos hacia la llovizna.

Mis ojos son hamacas

donde crece un horizonte verde.

En mi memoria una madre está rezando sin tregua.

¿Y si toco a su puerta?

CUANDO SE ROMPE LA TERNURA DE LA TIERRA

Mi abuela salió corriendo de su territorio indígena
anulada por los invasores
quienes le prometieron el fuego y el maíz.

Sus parientes malvendieron sus tierras
hasta que se encontraron con los bordes del mar.

Trabajó en restaurantes y cantinas,
en plantaciones de caña y de café.
En chapias de potreros y abriendo trechos de montaña.
Mató serpientes terciopelo de frente
sosteniendo el miedo como un relámpago.

Al final tuvo siete niñas
que la siguieron de llanto en llanto.

Olvidó su lengua
y opacó los recuerdos de sus raíces.

Así nacimos sus nietos
siguiendo sus artes de nómada.

La misma muerte la encontró con ganas
de irse hacia otra parte.

Por eso aquel día en que le dije que era mi chamana
y mi guía de las estrellas,
que ella nos había heredado valentía y honradez,
simplemente se metió hacia adentro
para encontrarse con los espíritus de su primera selva.

BREVE REGRESO AL INFINITO

A Ignacio Santos Fernández, mi hermano, mi maestro

Desde el día de su muerte,
han pasado terraplenes y floraciones.
En su casa ya no caminan mis pasos.
Los helechos del jardín están secos.

Mi hija tiene siete años
y me convierte en cerro,
en mar iluminado.
Pronuncia como se debe la palabra esperanza.

A veces le cuento sobre usted,
sobre su luz pegando en mi retina:

Había una vez un joven
intentando atravesar la montaña,
el miedo le molió las piernas.
Escuchó las palabras de un vidente
y siguió el resplandor.
Levantó una piedra
y encontró poesía.

TODA CICATRIZ ES UNA PUERTA DE ENTRADA AL RECUERDO

Me siento en esta silla mecedora,
recién pasó el aguacero:
es un buen día para extrañar a mi abuela Andrea.

Ella caminó los montes en busca de alimento.
Mató serpientes y cruzó los templos de la lluvia
entre ríos de furiosa turbulencia.

Trabajó en fincas de café
y de lunes a diciembre,
derribó potreros a destajo.
Lavó y planchó ajeno,
para poner a humear su fogón.

No obstante,
un día se vio encerrada en un cuarto,
llena de ungüentos y morfinas.

En su paso lento,
ayudada con bordones baratos,
quedó petrificado su cadente ritmo de bolero.

El dolor la volvió huraña.

Su propia nostalgia la fue doblegando.

Pero bajo esa piel indígena,

resistente como la caoba,

seguía mi abuela,

sonriente,

compartiendo chicharrones con yuca,

arroz con frijolillo de palo,

café fuerte chorreado al instante.

y su silbido potente

recorriendo antiguas canciones.

Dicen que uno encuentra

lo que lleva en mente.

Por eso no la encontramos así siempre,

y se nos acabó el tiempo en un hospital.

Venga abuela,

bailemos un par de boleros,

mientras me cuenta sobre Colinas, Maíz de los Uvas,

sobre la Cuesta del Burro,

Puerto Cortés y la Bananera.

Sobre el nacimiento de cada una de sus hijas.

Cuénteme de sus amores,

hábleme de su infancia abuela,

Hoy traigo tiempo,

me quedo a ver la telenovela,

y le acompaño en un par de rosarios.

EL INVIERNO DE MI PAÍS

Observo las manos de la anciana
bordando un mantel a la luz de una canfinera.
Escucho su "Ave María Purísima":
  mantra para espantar los rayos.

El tío abuelo toca su guitarra vieja,
la que lleva de cantina en cantina,
"por la lejana montaña"

Nos avisan que se reventó el puente
por donde llega el maestro.
Estoy en primer grado y eso me pone triste.

Se salieron los peces, luego las piedras.
Conga, mi perra,
llora en la oscuridad del barro.

Tengo un surco profundo
bajo los párpados
por donde viajo hasta la casa
que se nos fue con los sotacaballos.

ME QUEDÉ SIN VERLE

Me quedé esperando aviones y trenes.

El invierno bloqueo todas las vías.

Tormentas y derrumbes acabaron con un sueño.

Me dieron una rosa blanca

para lanzarla hasta sus párpados.

La apreté del tallo hasta romperme.

Usted me acercó a la poesía.

Volví una y otra vez al Campo Santo

a llorarle junto a los aguaceros.

Hay caminos ciegos de horizonte,

y palabras ovilladas de vacío.

LAS BALAS DESGAJARON LAS MARIPOSAS,
SUS COLORES PRIMIGENIOS TIÑERON LAS RAÍCES.
UN CORAZÓN ROTO ES UNA MARIPOSA PERFORADA

Quien asusta a un niño,

quien lo estremece con un grito,

o con un disparo,

se atraganta con espinas,

se revienta las córneas con sus propias uñas.

Quien enturbia la existencia de un niño,

soñará sus angustias,

mientras alguien le quita los párpados

con una navaja oxidada.

La niñez es la fuente,

el primer murmullo del agua brotando desde tierra.

Quien lastima a un niño

queda enredado en los hilos del cosmos

entre anzuelos de legítima cortadura.

Cuando la noche se pliegue sobre su angustia
se encontrará amenazando al niño que fue
y caerá a sus pies
con las arterias retorcidas por su propio espanto.

Los niños son esa llovizna con sol
en nuestra memoria cercana.

Quien jalonea y arremete contra con un niño,
se las verá un día
con sus propios infiernos.

LA MÁS LEJANA CERCANÍA

En universos paralelos
se piensan mutuamente.

Han caminado largas distancias
entre los brillantes vaivenes de la noche.

Se han observado,
cada quien desde su propio amanecer.

Retienen el deseo
como los mundos reflejados en una burbuja de jabón.

Añoran orbitarse.

Un día,
entre los pliegues dimensionales de sus soledades,
sus labios chocan,
como esas dos moléculas de oxígeno
que resucitan a un ahogado.

En un solo giro,
se observan hasta desaparecerse.

AÑORANZA DE UNA SELVA

Por mi casa pasan
las corrientes frías de la soledad.
Afuera el sol tiñe las hojas de armonía.
Un perro le ladra a las latas sueltas del techo.

En mi habitación
está el sonido de la nada.
Se escuchan los pájaros celebrando el verano.

En los muros,
los alambres de navaja, oxidados,
atentan contra la ondulación de los gatos.

No está usted
niña tropical,
madre selva de mi alegría,
brinco y elevación de la especie humana.

Soy ese par de zapatos
que alguien lanzó a los cables eléctricos.

Cuando usted vuelva,

mi ventana tendrá un horizonte con delfines.

Y si la noche llega a nuestra puerta,

invocaremos las luciérnagas del mundo.

Cuando usted vuelva niña tropical,

yo seré una casa esperando.

BRAZOS EXTENDIDOS BAJO LA LUNA

Tengo un cuerpo hecho de semillas.

Al nacer me ungieron

con el barniz de las hojas de suita,

por eso camino con mi propio brillo

y atravieso las noches apagadas de luciérnagas.

Recibo la bendición de las montañas.

Me ampara el viento fresco que estremece las raíces.

Mis brazos son ramas

que se extienden hasta tocar las nubes.

Yo soy el tiempo reunido

en su torbellino elemental.

Siento el contagio de la existencia

y me expando con los horizontes al despertar.

Cuando me quedo estancado en el invierno

soy el urrú que cobija la hormiga,

soy la hormiga

bajando por las peñas del mundo

con su trozo de hoja.

Como hoja llego a los fondos de la tierra,

y otra vez,

mi molécula vislumbra el fuego del origen.

Entonces resoplo desde algún volcán.

LA PRESENCIA

Añoro nuestro paso continuo por la montaña,
el amanecer lleno de ríos.

Y usted con su voz, sereno,
evocando su historia.

Conversamos bajo árboles poderosos,
y sus palabras quedan
como trenzas de lluvia en mi pensamiento.

Existen seres humanos
que nos expanden con su presencia,
así es usted llegando a mi casa,
así soy yo esperando su abrazo.

LA CASA

A mi amigo Rafael Bolaños Azofeifa

Ancestro corazón de fuego
descansa en la quietud de la casa,
agradece que usted sostenga su memoria.

Ancestro corazón de fuego
le protege a usted de rayos y miradas
porque usted cuida su historia.

En la celulosa de la madera
anidan canciones antiguas y voces lejanas.

Usted es un protector en el incendio de la patria.
Usted cuida las nacientes y las palabras.

En sus dimensiones cercanas,
ancestro corazón de fuego tiene el recuerdo
de la primera semilla expandida en la ceniza,
de la llovizna, la neblina y la nebulosa.

Quien honra sus raíces con tal firmeza,
se integra con gozo
al amanecer de la Vida.
Va girando en la nitidez del sonido,
resplandeciendo.

Ancestro corazón de fuego
resguarda sus pasos
y espera.

EL AMANECER DE UN RÍO

A Rafa Gallo Palomo, Defensor de nuestros ríos.

En sus ojos está el río Pacuare: rápido y calmo,
rebosante de vida,
naciendo en los cerros Cuericí
y buscando la tierra de Ará.

En sus ojos se arremolina
el reflejo caudaloso de los peces
y la acrobacia de una flor de almendro
al atardecer.

En su mirada antigua de guerrero generoso,
viajan las semillas del sotacaballo
y las de otros árboles que serán nidos de luna
y armonía de jilgueros.

Usted conoció el lamento del río
en tiempos de amenaza y de represa,
usted sabía que su presencia pensante y sensible
cambiaría el destino del Pacuare.

Por eso,

contagió su causa a extranjeros y ancestros

y se atrincheró junto a ellos en la cuenca sagrada

al pie de Dos Montañas.

Hermano inmigrante,

hijo predilecto de nuestro territorio,

yo le agradezco en nombre de las montañas,

en nombre de mis nietos

quienes verán un cauce sano

ondulando desde la cordillera

y el amanecer de un río en los labios de la patria.

Este río mágico agradece su voz extendida

como los relámpagos,

su abrazo profético y solidario.

Las balsas de rafting

llevan ángeles zigzagueando por sus aguas

ondulantes y revueltas.

Esto lo saben los protectores:

el Espíritu del Río, el Tigre de Agua o Dinamú,

Oshun, la diosa Yoruba de las aguas blancas.

También asoman su agradecimiento los congos,
las guatusas, los chanchos de monte,
los tucanes y las nutrias que juegan en los bordes,
las matabueyes y las boas arco iris
y hasta el jaguar
a quien los indígenas llaman La Sombra.

Una lagartija Jesucristo corre sobre una poza
en el Cañon de las Huacas,
levantando trenzas de salvaje transparencia.

Está usted bendecido por este río
y por todos los ríos de la tierra.
Por Jiriria Nãmãu Siâu,
por Sibú y por las energías poderosas del bosque.

Hermano indestructible del magma
y de las primeras moléculas de oxígeno
que respiran los niños cabécares en su nacimiento.
Usted es un camino trascendente.

LA ÚLTIMA ESTANCIA

Para mi amigo Max Ulloa Royo

Un ser amado es derruido
por la luz estancada de la muerte,
su entusiasmo escultórico
y denso como un torbellino,
se arrodilla ante el dolor.
El magma del origen me inunda la sangre,
soy ceniza impotente.

Me acerco,
con el abrazo, con el beso,
destilando amor por ojos y costillas.
Le cuento de la montaña,
del nuevo planeta descubierto.
Me pide que le recite el poema,
es lo único que quiere.

Llora, pierde nuevamente el aire.
Me convierto en una plegaria.

Le agradezco sus profecías,

los cantos enraizados de su arte.

Hablamos sin pronunciar palabra.

Somos el espejo inverso de las galaxias.

Le digo adiós.

Desde la puerta,

observo sus ojos nublados de existencia.

Una mariposa rota dejando su brillo entre las sábanas.

Y pienso:

vuelvo pronto,

nos vemos.

Quizá nunca,

quizá jamás.

Y camino por las calles

sudoroso de nostalgia.

MI PRIMO SOÑABA CON LAS ESTRELLAS

A la memoria de Edixon Granados Uva, mi amado primo

Ahora respira usted con pulmones anchos
por los oxigenados territorios del universo.
Generoso como los ríos
que traen el agua limpia de las cordilleras,
amoroso como el sol que amanece en nuestros bosques.

Así corrimos por nuestra infancia,
a una escuela pequeña,
y regresamos
como semillas luminosas bajo el aguacero.

En el río Cañas observamos los fondos tupidos de peces
y nadamos de lado a lado de la vida.

Luego se fue usted tras el sueño americano,
saltando muros y desiertos.
Una y otra vez el alto riesgo de las noches sin luna.

Llegó el milagro de la familia:
Elena y sus dos niños.
Y sostuvo usted el hogar resoplando de cansancio:
como centinela, como obrero, pintando,
porque el honor brillaba en sus ojos,
porque el amor era un ciclón elevándolo.

Y cuando nos encontrábamos, Edixon,
pasaba el ángel de la paz por nuestros huesos.
Se reía usted desde su corazón de tambor
y conversábamos bajo árboles de nance y de mango,
frente al horizonte siempre verde de los potreros.

Era usted sensible a la música y al poema,
lloraba por la muerte de una luciérnaga
o cuando le describía los paisajes anhelados
de esta patria,
hoy vacía de usted.

Aquí le extrañan las carreteras de lastre,
el cerro Chirripó y el río Térraba,
el Bien Me Sabe y el tamal de arroz,
el chicharrón con yuca y los pijibayes.
el picadillo de palmito
y el pan con natilla.

Le añoran sus hermanas y sus hermanos,

quienes le abrazan ante el esplendor del cielo.

Y su mamá con su corazón de fuego santo.

donde yace usted,

recién nacido,

elevado de estrellas,

con su noble canto

de hijo pródigo.

Edixon,

Edixon,

Edixon,

es la voz de Dios.

NOSTALGIA POR UN PAR DE ZAPATOS

Mis zapatos viejos
están llenos de moho.
Les respeto.

De cuando en cuando los limpio,
los pongo hacia el sol naciente
para que el aire les traiga
las palabras de los peregrinos.

Estos zapatos viejos
me llevaron por caminos de piedra,
me acercaron a la muerte en los desiertos.

Me los pongo.
Metido en ellos
soy un roble sosteniendo las montañas.

Zapatos resistentes
que aún persisten.
Hoy me piden volver a la patria.

EL DOMADOR DE DRAGONES

A mi amigo Roberto Salas Arroyo

Un relámpago sale de sus párpados.
El aguacero torrencial mitiga mi dolor.

En la montaña El Dragón
las crestas de piedra
lagrimean intensas gotas gruesas
por días.

Ha muerto el peregrino, el escalador,
el niño que reía a carcajadas
hasta confundir los ecos de la selva.
El anciano de ojos iluminados amado por los perros.

Yo resguardo sus consejos
en el amanecer de mi cardio.
Sostengo su último abrazo
y lo sumerjo en mis poemas.

Pasarán siglos.

En el polvo viejo de mis huesos
también hallarán sus restos.

LA PROMESA

Allá donde estuve
los edificios le hacían sombra a mi nostalgia.
Horas y horas trabajando al pulso de un sueño.
La mirada se me perdía en un paisaje desconocido.
Viví sin vecinos,
sin conocer al pulpero.

He regresado,
el canto verde de las cordilleras oxigena mis cicatrices.
Los ríos fluyen en su música.
Ahí van los perros callejeros rumbo a casa.

He sostenido con resistencia estos abrazos.
Llegó la hora,
viajo con el corazón expandido.

No quiero ir a ninguna parte
sino a sus besos,
mujer ungida de esperas.

MÁSCARA Y REFLEJO

Por debajo de la piel
la historia de cada persona
se arremolina, se estanca, se fuga.

Estamos hechos de retazos,
de furias breves,
de palabras que nos libraron de los linderos del fuego.

Volvemos una y otra vez sobre el barro,
por encima de las piedras,
aciclonados, en ascenso.

En la luz múltiple del horizonte
encontramos un leve descanso
y somos jaguares
dejando huellas en la arena tibia.

Así, volvemos a caminar
como recién llegados
a nuestros propios ojos.

LAS LLUVIAS ÁCIDAS TAMBIÉN DILUYEN LAS FRONTERAS

Al planeta tierra
le cae arena del Sahara en los ojos del trópico,
sus lágrimas torrenciales arrastran casas y raíces.

En África se observan miles de pasos
huyendo del hambre y del disparo.
Lo mismo sucede en nuestras coordenadas.
Entre frontera y frontera ingresan personas
retando las crestas de la muerte.
En estrepitosa acrobacia
la incertidumbre les atrofia el esternón.

Magma, luz huracanada,
fiero torbellino del océano.
En la agonía de la planicie prevalece una flor celeste.

La risa de un niño se repite
de este lado del horizonte.
Somos esta tierra de redonda resonancia,
respirando desde las mismas vértebras.

Ciertamente hemos caminado
para ser fieles centinelas de la semilla.

LA GUERRA ES UNA QUEMADURA EN EL CORAZÓN HUMANO

La niña de la guerra se refugia
en las cenizas de sus desaparecidos.
A sus diez años
sus ojos han visto
repetidamente el infierno.
Se llama Nayla María.
Nadie le llama por sus nombres.

Se ha unido a la caravana:
un cardumen atrapado por la brea.
Huyen de sus propios escombros
hacia fronteras que les amenazan.

La historia de Nayla María es un fractal,
una fractura de tórax
que nadie le alivia.

Por debajo de sus miserias,
detrás de sus ojos enrojecidos,
se ajustan los precios del petróleo,
se fabrican y venden armas novedosas,

se encienden odios inmemoriales
y bombas caceras.
Las religiones
se convierten en túneles
y misiles de alto alcance.
Eso no lo sabe Nayla María,
ella solo apura el paso,
sin tiempo para llorar a sus muertos.

El amor al prójimo sobrevive
como una luciérnaga pulverizada.
Por eso Nayla María por fin
come una sopa caliente,
en una casa donde deberían entregarla
a las fosas comunes de los refugiados.

Nayla María ahora duerme.
Ella es la niña de esa guerra fractal
que también podría estallar
en nuestras coordenadas.

SOMOS TERRÁQUEOS EMIGRANDO CON EL SOL

Somos emigrantes de las galaxias,
vivimos en este planeta de ríos caudalosos
esperando la bendición del fuego.

Los abejones vuelan entre destellos de flores
hacia la infinitud de nuestra mirada.

Habremos de hacer nuestro viaje a solas,
sonriendo,
agradecidos con esta esfera.

Somos gotas de luz
habitando el aire.
Ondulación de versos
desajustando la existencia.

Bajo nuestros párpados
descansa la tierra
y se repite el ciclo del sol.

ÍNDICE

SOBRE EL AUTOR

Minor Arias Uva: Costa Rica, 1971. Poeta, Profesor de la UNED y del Colegio Universitario de Cartago.

Investigador en temas de cultura. Artista mascarero. Es miembro de la Asociación Nacional de Escultores Costarricenses, ANESCO. Es doctor en Educación.

Premio Carmen Lyra 1999 (Otorgado por la Editorial Costa Rica). Tiene cuatro libros con la editorial Costa Rica. Ganador del Certamen Brunca de la Universidad Nacional de Costa Rica.

Ha Publicado en México y España con las Editoriales Everest "De la A a la Z Costa Rica", y Prensa Cicuta: "Iluminación de la ausencia" (Libro arte con el artista plástico español Miguel Villarino).

Sus dos poemarios más recientes son: Médula Africana: memorial de la esclavitud. Editorial Mirambell, Costa Rica, 2019.

Arteria Ancestral. Editorial Poiesis. Costa Rica, 2022.

Las huellas del dolor parecen visibles en todos los caminos, hay silencio y muros difíciles de evadir, pero la búsqueda del amanecer soñado es lo que florece en este canto de amor, de luz, nostalgias vivas y siempre perfumadas por la vida, porque "Toda cicatriz es una puerta de entrada al **recuerdo**", y la voz del poeta Minor Arias Uva trasciende los paradigmas de la libertad, entiende que la libertad es posible, jamás una mancha escurridiza en el papel, **ya que** no se escribe antes de vivirla. El poeta expresa "Recibo la bendición de las montañas", y avanza, y busca el sendero que lo lleve al amanecer, por estas geografías tan difíciles del vivir, compartir la vida, y abrir las ventanas a una nueva esperanza. El poema "Nostalgia por un par de zapatos" nos enseña no solo a comprender esta travesía de los migrantes, sino más bien su valentía, su fe, el tan preciado sueño de que la libertad es posible, el amor es posible, que en las heridas más profundas también amanece.

Este poemario
fue confeccionado en el
Territorio Panhispánico de
Casa Bukowski Internacional,
en el mes de Enero del 2024

La edición estuvo a cargo
del poeta chileno
Ivo Maldonado

Casa Bukowski
editorial®

Made in the USA
Columbia, SC
11 November 2024

45934934R00083